DUPIN

EN VENTE CHEZ LE MÊME LIBRAIRE

CONFESSIONS

DE MARION DELORME

PAR EUGÈNE DE MIRECOURT

60 livraisons à 25 centimes, avec gravures.

18 fr. l'ouvrage complet par la poste.

Paris. — Typ. de Gaittet et Cie, rue Gît-le-Cœur, 7.

DUPIN AINÉ

Imp. Hulinguer du Four S.ᵗ G 63. Paris

LES CONTEMPORAINS

DUPIN

PAR

EUGÈNE DE MIRECOURT

PARIS — 1858

CHEZ L'AUTEUR

48, rue des Marais-Saint-Martin

Et chez tous les Libraires de France et de l'Étranger

DUPIN

On nous accuse d'être envers la bourgeoisie d'une injustice criante et de la rendre systématiquement victime de nos at-
taques.

Nous avons eu un tort, celui de ne pas
définir plus clairement ce que nous enten-
dons par bourgeois.

Le bourgeois pullule autour de nous ; il nous déborde, il nous envahit. Impossible de faire un pas sans rencontrer un bourgeois. C'est la plaie d'Égypte de notre civilisation, c'est le fléau du siècle, c'est un autre déluge.

On peut compter jusqu'à cinquante espèces différentes de bourgeois.

Il y a le bourgeois du cocher de fiacre, le bourgeois de M. Scribe, le bourgeois de M. Jules Janin, le bourgeois du *Charivari* et le bourgeois de M. Commerson du *Tintamarre*. Chaque fabricant de vaudeville a son type de bourgeois, chaque journaliste drape le bourgeois à sa fantaisie et à sa mode. La dernière des feuilles de chou rit du bourgeois, turlupine le bourgeois, éreinte le bourgeois.

Exemple :

Il est un gras bourgeois retiré des affaires ;
Il a dans le commerce appris les mœurs austères,
Clouant sur sa figure un sourire hébété,
N'ayant tête ni cœur, ignorant toute chose,
Et ne distinguant pas un chardon d'une rose ;
Dormant, mangeant, buvant, et, pour se porter bien,
Ne vivant pas trop vite et ne pensant à rien.
Il ne lit qu'un journal, il digère à merveille,
Et sa riche santé se voit à son oreille ;
Il fait sonner bien haut l'orgueil de ses écus,
Qui règnent à la place où manquent les vertus.
Cuirassé d'égoïsme, il végète, il engraisse,
Et nulle émotion ne trouble sa vieillesse.
La charité, les arts, il ne les connaît pas,
Et, s'il pleure, ce n'est qu'aux drames de Dumas.
Tous les jours sont pareils en sa stupide vie.
Il possède enfants, chien, chat, femme et parapluie.
Bourgeoisement il vit et meurt bourgeoisement ;
Pauvre dans sa jeunesse, et vieux dans la fortune ;
Tour à tour épicier, maire de sa commune...
Et l'on bat le tambour à son enterrement[1] !

Tous ces bourgeois-là, nous devons en

[1] Henri Cantel, *Journal des Bains*, numéro du 15 vril 1854.

convenir, ont quelque trait de ressemblance avec le nôtre, surtout par le côté ridicule.

Mais disons-le bien vite, afin de mettre à l'abri les susceptibilités honorables, on peut être de la bourgeoisie sans être bourgeois.

Le jour où les parchemins de la noblesse ont perdu leur prestige, il s'est formé une aristocratie nouvelle, l'aristocratie de l'intelligence. Dès lors, il n'a plus suffi de tenir en main la bannière des ancêtres et de se pavaner à l'ombre d'un blason. Debout sur les ruines des vieux siècles, la liberté victorieuse a dit à la France : « Tes enfants ont tous les mêmes droits ; voyons quel usage ils sauront en faire ! »

Soixante ans se sont écoulés depuis ce jour d'émancipation universelle. On peut étudier les résultats.

Ils sont ce qu'ils devaient être.

Quand le soleil de la liberté chauffe une terre fertile, ses rayons la fécondent ; mais ils dessèchent le sol ingrat et ne font qu'accroître son impuissance.

Regardez autour de vous, et dites si nous avons tort.

Les esprits sains, les cœurs généreux, les âmes droites, ont pris leur vol du côté des hautes sphères. De nouvelles gloires ont surgi, de nouvelles étoiles ont brillé à l'horizon social.

Mais l'effet de la liberté n'a pas été le même sur tous.

Il y a dans les intelligences une hiérarchie que Dieu lui-même a cru devoir établir et qui tient à la loi primitive des mondes. Les hommes ne se ressemblent véritablement que par l'orgueil, et, quand l'ignorance émancipée a pu jouir des mêmes droits que le génie libre, il y a eu autour de nous malaise, bouleversement, souffrance.

Alors est apparu ce que nous appelons le bourgeois, c'est-à-dire un être myope, incomplet, rempli d'amour-propre et de prétentions ; une créature maladive et boiteuse au point de vue moral, qui a voulu du premier coup marcher sans béquilles et qui s'est jetée maladroitement dans toutes les ornières.

Voyez-vous cet homme à la tournure commune, au sourire niais, au regard plein d'impertinence ? Il parle plus haut que vous, il tranche les questions les plus ardues ; il traverse sans gêne le champ philosophique et religieux, écrasant tout, fauchant tout. Il a lu Voltaire et ne salue plus son curé : — bourgeois !

Écoutez cet autre, dont le ton, s'il est possible, est plus dogmatique et plus présomptueux encore. Le verre en main et la pipe aux lèvres, entouré d'un nuage d'ivresse, de tabac et de sottise, il règle les destinées du monde, critique la Chambre, blâme un ministre, et donne au besoin l'appui de son vote aux doctrines politiques les plus extravagantes : — bourgeois !

Regardez ce troisième personnage à l'œil stupide, aux reins sanglés par une serpillière. Il compte la recette du jour et frémit en s'apercevant qu'il a vendu de moins une livre de mélasse et trois paquets de chandelle. Demain il fermera boutique, donnera ses armes aux insurgés et laissera faire une barricade à sa porte : — bourgeois !

On pourrait tracer vingt portraits analogues.

Nous avons dit que le bourgeois était la plaie du siècle, et nous le maintenons.

Avec sa demi-intelligence, son demi-savoir, son demi-patriotisme et son orgueil au grand complet, il embrouille tous les éléments sociaux et nous plonge depuis soixante années dans le chaos des révolutions.

Ce collin-maillard éternel trébuche contre tous les écueils, tombe dans tous les piéges.

N'ayant pas eu l'esprit, en Février, de soulever un coin de son bandeau, il a bêtement attrapé la République, en croyant mettre la main sur la Réforme.

On a beau lui crier : Casse-cou! il persiste à marcher à tâtons dans la politique. Il se heurte en aveugle contre la science. Parfois, s'il arrive, de chute en chute, à mettre un pied dans le sanctuaire des lettres et des arts, c'est pour le déshonorer par l'agiotage ; il y implante avec le mauvais goût les mœurs sordides de la boutique, les calculs ignobles du comptoir. Il tend à ramener tout aux bornes étroites de son horizon.

Nécessairement on conclura de ce qui

précède que la liberté porte de mauvais fruits ; mais ce n'est pas un motif pour couper l'arbre et le jeter au feu.

Le bourgeois mûrira, soyez sans crainte.

Il se révolte bien un peu contre la critique, il se drape dans son amour-propre, il se regimbe sous l'aiguillon du ridicule. Tant mieux ! c'est bon signe. On voit qu'il sent la pointe.

Éperonnez, éperonnez toujours !

Ce cheval poussif quittera l'ornière et finira par se mettre au galop.

Le personnage dont nous allons, dans ce petit volume, détailler la fantasque existence est un des types les plus remarquables de cette bourgeoisie émancipée en 93, et qui s'est trouvée tout à coup maî-

tresse de la situation sans être prête à
l'étayer et à la soutenir.

Certes, M. Dupin ne doit pas être
classé parmi les bourgeois veufs d'intelligence.

Seulement, avec un esprit supérieur et
développé par l'étude, il n'a pu se cor-
riger ni du manque de tact, ni des inconséquences, ni des habitudes mesquines
et rétrécies de sa caste. On l'a vu perpé-
tuellement, au contraire, exagérer tout
cela, comme s'il avait eu peur d'être pris
pour un autre, et comme s'il eût voulu
résumer en sa personne la bourgeoisie
tout entière.

Dussions-nous vivre cent ans, nous n'ou-
blierons jamais le jour où pour la première

fois nous avons eu l'honneur d'apercevoir M. Dupin.

C'était, si nos souvenirs sont exacts, au mois d'avril 1835.

Un de nos amis, alors député des Vosges, cédant à nos instances curieuses, nous avait fait entrer dans cette galerie éclatante de dorures, construite tout exprès pour joindre le palais de la Présidence au palais Bourbon.

Nous étions là depuis un quart d'heure, comptant les minutes avec impatience.

Tout à coup la porte du fond s'ouvre ; un huissier paraît et crie d'une voix solennelle :

« Monsieur le président de la Chambre ! »

Absolument comme on eût crié au Louvre :

« Le roi ! »

De chaque côté de la galerie la foule se range respectueusement, et nous voyons s'avancer un homme, à la face commune, au pas inégal et lourd.

Ses gros souliers ferrés martèlent un splendide tapis d'Aubusson.

Il tient un rouleau de papiers de la main droite. Sa main gauche est engloutie dans la poche béante d'un large pantalon de la coupe la plus campagnarde, et son habit noir aux longues basques, façonné plus grossièrement encore, dessine deux épaules carrées et robustes comme celles d'Atlas.

On voit que M. Dupin porte le monde législatif. Sa mine, sa démarche, sa contenance trahissent le sentiment de vanité

puérile qu'inspirent à son cerveau bourgeois les fonctions dont il est revêtu.

Deux grands escogriffes dorés sur tranche l'accompagnent, les tambours battent
aux champs sur son passage.

« Regardez ! semble dire M. Dupin à la
foule, me reconnaissez-vous ? Il reste quelque chose de vulgaire dans ma tournure,
mais je m'en fais gloire. Mon origine est
avouée, mes ancêtres ne sont pas loin, je
suis le tiers état ! C'est moi qu'on a vu
si longtemps le front courbé comme le
courbe l'esclave. Un beau jour, avec l'aide
du peuple, que je bride aujourd'hui, je
me suis redressé menaçant, terrible. Rois,
nobles, prêtres, j'ai tout abattu. En vain
ils ont essayé de se relever de leur chute :
j'ai triomphé de l'Empire, j'ai triomphé

de la Restauration, je triompherai de n'importe quel gouvernement. Place au tiers état ! place au bourgeois ! Mon règne commence. »

Dupin (André-Marie-Jean-Jacques) est né le 1er février 1783, à Varzy, petite ville du Nivernais, fortifiée sous Henri III, et que les huguenots rendirent industrielle après l'édit de Nantes.

Il a deux frères plus jeunes que lui, qui se sont distingués, l'un dans les sciences, l'autre au barreau [1].

Jadis, dans un certain monde politique, on disait les Dupin, comme on dit les Gracques et les Horaces.

[1] MM. Charles et Philippe Dupin.

Leur père, un des membres les plus ardents de la première Assemblée législative, se trouva bientôt victime de la tempête qu'il avait provoquée. Poursuivi par les terroristes, il se réfugia dans sa famille; mais on vint l'arracher des bras de sa femme et de ses enfants pour le plonger dans les cachots de Nevers.

Il eut la chance, très-rare à cette époque, de ne pas être conduit à l'échafaud.

Une fois libre, et bien décidé à ne plus s'exposer aux orages de la Révolution, M. Dupin père s'occupa de l'éducation de ses fils.

En ce temps mémorable, il n'y avait plus d'écoles, ou celles qui existaient se bornaient à enseigner aux élèves les *Droits de l'homme* du citoyen Robespierre, sublime formule qui, au sens des gouvernants d'alors, remplaçait avec avantage toutes les études regardées comme nécessaires, le grec, le latin, l'histoire, la philosophie et les sciences exactes.

Heureusement, André-Marie-Jean-Jacques apprit tout ce que les terroristes ne croyaient plus utile à l'instruction de la jeunesse.

Grâce aux soins paternels, il reçut même les premiers éléments de la jurisprudence.

A l'âge de dix-sept ans, il vint à Paris suivre les cours de Tronchet [1], ancien collègue de son père, autorisé par le Directoire à ouvrir une *Académie de législation.*

---

[1] Le même qui sollicita, avec Malesherbes, le dangereux honneur d'assister de ses conseils le roi Louis XVI.

Le jeune homme aimait le travail ; les plaisirs de Paris ne purent le détourner de l'étude.

Trois fois par semaine, le matin, il assistait aux leçons du savant jurisconsulte, et rentrait ensuite chez un avoué de la rue Bourbon-Villeneuve, dont il devint bientôt le premier clerc.

Jamais de promenades, jamais de distractions.

L'étudiant se faisait apporter à manger d'un gargot du voisinage, et remontait, le soir, dans une petite mansarde, au sixième étage, où l'attendaient encore des livres.

On va loin quand on est doué d'une telle persévérance.

Bonaparte, alors premier consul, rouvrit les écoles.

André-Marie-Jean-Jacques se présenta pour soutenir sa thèse et fut reçu le premier dans une séance solennelle, présidée par le ministre de la justice.

Ses examens furent brillants.

Après avoir de prime abord emporté la licence, il conquit le doctorat, de sorte qu'on put voir un jeune homme de vingt-trois ans proclamé doyen de tous les docteurs de cette époque.

On félicitait, un jour, notre héros du courage qu'il avait déployé dans des circonstances si ingrates pour l'étude.

— Hum! fit-il, ce n'était pas du courage, c'était de la peur.

— Allons donc !

— Oui, vraiment. Je tremblais de tous mes membres quand je voyais le premier consul passer des revues au Champ de Mars, et je me disais : « Ce gaillard-là nous prendra tous pour faire de la chair à canon : il faut que je lui échappe ! »

Ainsi M. Dupin voulut être un grand légiste pour qu'on ne le contraignît point à devenir un grand capitaine.

Il détestait cordialement l'Empire.

Toujours premier clerc chez son avoué de la rue Bourbon-Villeneuve, il se mit à publier certain petit livre, qui lui attira sur les doigts, pour quelques allusions passablement directes, un coup de la férule impériale.

C'était un *Manuel du droit romain* [1].

---

[1] Il publia successivement douze ou quinze opuscules destinés à faciliter l'étude du droit. « Ces petits traités, dit Cormenin, ne sont guère que des compilations de science commune, brefs, concis, judicieux, mais sans

Notre jeune émule de Cujas, en discutant les lois de l'ancienne Rome et en rappelant quelques souvenirs historiques, avait donné au duc d'Enghien les traits de Germanicus, et à Bonaparte ceux de Tibère.

Son livre fut saisi par la police.

En outre, comme il se présentait, en ce moment-là même, pour une chaire à la Faculté de droit, il fut éliminé du concours.

— Consolez-vous, jeune homme, consolez-vous! lui dit le conventionnel Merlin, ex-ministre de la justice sous le Directoire, et très-influent à la Cour de cassation : je ferai en sorte de vous caser ici.

originalité. M. Dupin a la philosophie de l'expérience, il n'a pas la philosophie de l'invention; il ne sait pas créer. Il arrange, il broche un manuel; il ne composerait pas un livre. »

Effectivement, il le proposa pour une
'ace d'avocat général qui se trouvait
.cante.

Mais le grand maître de l'Université,
. de Fontanes, glissa un autre candidat
itre Merlin et son protégé.

La place fut donnée à M. Joubert.

Dupin jura qu'on lui payerait ce passe-
roit.

Sa réputation au barreau commençait à
evenir colossale. Il avait une manière de
'aider, moitié sérieuse et moitié bouf-
·nne, qui amusait les juges et lui faisait
·gner souvent les causes les plus désespé-
·es.

Comme Sancho Pança, de verbeuse et
·viale mémoire, M. Dupin était farci de
·rôlichonneries et de proverbes.

Il contait fort agréablement l'anecdote,
hasardait parfois le calembour, et revenait
à la cause, après ces petites échappées,
pour fournir les arguments les plus irré-
sistibles et les plus victorieux.

Teste disait de lui :

— C'est un Paillasse doublé de Démosthènes.

M. Dupin avait un geste plein de sac-
cades. Ses bras, comme ceux du télégra-
phe, montaient, descendaient sans cesse et
se livraient aux évolutions les plus con-
tournées et les plus bizarres ; mais sa voix
était ferme, sa logique vigoureuse et sa
science profonde.

Il était rare que son discours n'obtiat
pas l'effet qu'il voulait produire.

Brusque, mordant, sarcastique, il tenait

l'audience tout entière suspendue à sa phrase, quelquefois triviale, mais toujours vive et toujours empreinte d'un cachet d'originalité.

En 1810, le grand juge[1] adjoignit le célèbre avocat à une commission chargée de classer et de mettre en ordre la multitude prodigieuse des décrets rendus par Napoléon.

Ces décrets passaient à l'état de lois de l'Empire.

M. Dupin débrouilla le chaos.

Il fit à lui seul la besogne de tous ses collègues, par amour pur du Code et sans cesser de garder rancune au pouvoir. On ne venait à lui, du reste, qu'en raison du be-

[1] Régnier, duc de Massa.

soin qu'on avait de sa science, et l'on n'oubliait ni Germanicus ni Tibère.

Nous devons le dire ici, le malheur de M. Dupin est d'avoir fait des excursions en dehors de la magistrature.

Les dragées politiques tentaient sa gourmandise.

Il voulut d'abord en goûter quelques-unes, puis il s'affrianda et se mit à croquer la boîte entière.

M. Dupin était né pour être magistrat, pour rester magistrat.

La robe, dans notre société moderne, obtient toute la considération dont elle est digne, parce qu'on la voit rarement sortir du temple de la justice et balayer les antichambres.

Pourquoi M. Dupin n'a-t-il pas imité

le plus grand nombre de ses collègues ?
Ont-ils abandonné comme lui leur chaise
curule pour aller s'asseoir sur un tabouret
au pied du trône, pour se mêler aux intrigues des partis ?

Non, vraiment.

Ils ont respecté la magistrature, ils ont
compris qu'elle était un sacerdoce ; ils se
sont gardés de l'affubler de ce costume
d'arlequin que la politique prête à ceux
qui la fréquentent, et nous les en félicitons de grand cœur, tout en ayant le regret
de ne pouvoir adresser les mêmes félicitations à M. Dupin.

Au lieu de s'incliner en silence devant
le héros tombé, qui allait dans l'exil expier sa gloire, il applaudit bruyamment à
sa chute.

Porté une première fois à la Chamb.
par les électeurs de Château-Chinon, il fi
un des antagonistes les plus acharnés c
gouvernement des Cent-Jours [1].

M. Dupin se mit à la tête de cette opp
sition systématique et antinationale, q
jeta le lacet aux jambes de César, en s'in
dignant de le voir encore debout. Il fut t
de ceux qui lui suscitèrent le plus d'obst:
cles et qui anéantirent son effort si
prême.

Grâce à M. Dupin et à ses amis, l
hordes du Nord pénétrèrent dans nos mur

---

[1] Quand Félix Lepelletier proposa d'élever une st
tue à Napoléon, sur les bords du golfe Juan, avec ce
inscription : *Au sauveur de la patrie*, le député de
Nièvre s'écria : « Eh quoi! le poison de la flatte.
cherche-t-il déjà à se glisser dans cette enceinte? »
combattit le projet et le fit rejeter.

Elles insultèrent à la civilisation par leur hideuse présence [1].

Mais répondra l'ex-représentant de la Nièvre, nous devions sauver la liberté.....

Taisez-vous !

La liberté, ce n'était pas la Restauration qui devait vous la rendre. Il fallait empêcher la honte de la patrie, sauf à lutter ensuite contre le dictateur. Quand les barbares sont aux portes de Rome, on ne discute pas au sénat.

Vous oubliez, nous dira-t-on, que

---

[1] Un témoin oculaire nous affirme que les Cosaques attachaient leurs chevaux aux piliers des galeries du Palais-Royal. On les voyait laver leurs chemises dans les bassins et les étendre ensuite pour sécher sur les statues ; ils tordaient le cou aux cygnes et les mangeaient, les prenant pour des canards. Un soir, tout le quartier Saint-Honoré fut plongé dans les ténèbres, parce qu'ils avaient employé l'huile des réverbères à assaisonner de la salade.

M. Dupin avait à venger la saisie de son livre?

C'est très-juste.

On comprend que la puissance de ce motif de haine l'ait décidé à combattre énergiquement, dans le comité secret du 11 juin, le vœu de la Chambre tendant à proclamer Napoléon II, après l'abdication de l'Empereur à Fontainebleau.

Par sa conduite étrange, M. Dupin avait choqué le sentiment national.

Bientôt on le lui fit sentir.

Louis XVIII, revenu de Gand, voulait conserver le député généreux qui avait donné le dernier coup de massue au lion de Corse.

En conséquence, on nomma M. Dupin président du collége électoral de Château-Chinon.

Mais, bien que deux arrondissements de la Nièvre l'eussent présenté comme leur candidat, on le vit échouer à l'épreuve décisive et le collége départemental lui refusa ses suffrages.

Devinant la cause de cet échec, M. Dupin vira de bord.

Il résolut d'effacer de l'esprit des électeurs une impression qui lui était nuisible. Les circonstances favorisèrent cette brusque volte-face.

Toujours au pouvoir des armées ennemies, la capitale voyait naître une réaction aveugle, qui s'étendit bientôt dans les provinces. La terreur blanche relevait les échafauds. Des cours prévôtales, fonctionnant d'un bout du pays à l'autre, imitaient la justice expéditive de 93 et se livraient à de sinistres représailles.

Ce fut alors que M. Dupin publia le fameux opuscule qui a pour titre : *De la libre défense des accusés.*

Il y avait là, certes, quel qu'en fût le mobile, un véritable élan de courage.

En revenant se placer sous l'égide de la magistrature, M. Dupin recevait d'elle un reflet de loyauté, de noblesse et de vertu. A cette époque de son histoire, le biographe trouve des pages qui semblent écrites pour Matthieu Molé et d'Aguesseau.

Nous savons qu'on lui reproche, même alors, d'avoir fait payer double ses plaidoiries. Peu nous importe.

L'avocat vit du barreau comme le prêtre vit de l'autel, et beaucoup des confrères de

M. Dupin n'auraient pas voulu pour tout l'or du monde s'exposer aux périls qu'il a bravés.

On ne peut en disconvenir, il a donné, dans ces mauvais jours, des marques éclatantes de courage civil.

M. Dupin défendit le maréchal Ney devant la Chambre haute [1] et déploya pour obtenir son salut toutes les ressources du talent oratoire. Mais une implacable volonté paralysa ses efforts. La victime était condamnée d'avance. Il ne fut même pas possible d'invoquer en faveur du glorieux soldat l'article 12 de la capitulation de Paris.

[1] MM. Berryer père et fils l'assistaient dans cette défense. Après la condamnation du maréchal, M. Dupin fut chargé de rédiger ses Mémoires.

Dix années après (nous sommes loin des pages héroïques), on vit avec surprise M. Dupin assister au convoi du procureur général Bellart [1].

— Que voulez-vous? répondit-il à ceux qui lui en faisaient reproche : il y a si long-temps que les défenseurs du maréchal ont envie de réciter le *De profundis* pour ses bourreaux !

Chez nous une réponse adroite sauve un homme.

Toujours est-il que M. Dupin ne devait pas plus apparaître là que M. de Girardin sur la tombe d'Armand Carrel.

Voilà ce que nous signalons comme une preuve du défaut de tact et de l'inconsé-quence du bourgeois.

[1] Accusateur du maréchal Ney.

La défense du maréchal Ney rendit
M. Dupin populaire. Il plaida devant les
cours prévôtales pour d'autres illustres
accusés et donna l'appui de son talent aux
journaux de l'opposition dans les nom-
breux procès qu'ils eurent à soutenir.

M. Dupin lui-même a fait son panégyri-
que à cet égard.

Écoutons-le parler en septembre 1830 :

« Pendant ces quinze années de lutte et
de liberté, quel a été mon contingent ?
s'écrie-t-il. Moi, si indignement attaqué,
qu'ai-je fait autre chose que défendre au-
trui ? Avez-vous oublié les noms de mes
clients ? Nos généraux accusés ou proscrits,
Ney, Brune, Gilly, Alix, Boyer, Rovigo ! et
les trois Anglais généreux sauveurs de
Lavallette ! et les victimes des troubles de

Lyon en 1817 ! et ces hommes politiques injustement accusés : Isambert pour la liberté individuelle, Bavoux pour les droits du professorat, de Pradt en matière d'élection, Mérilhou dans l'affaire de la souscription nationale ; Montlosier soutenu par moi dans toute sa querelle avec un parti qui, comme Protée, sait revêtir mille formes diverses et parler les langages les plus opposés, habile surtout à diviser ses adversaires, à se glisser dans leurs rangs *! Et vous, gens de lettres, défenseurs de la presse, à qui je ne demandais pour récompense que votre amitié! Jay, Dupaty, Béranger, Jal, Arnault, Jouy, Étienne, vous tous écrivains du *Miroir*, des *Débats* et du *Constitution-*

---

* Les Jésuites.

nel, que j'ai défendus quatre fois... etc., etc. »

Voilà, certes, une magnifique et solennelle tirade.

Montons au Capitole et rendons grâce aux dieux !

Seulement, puisque nous permettons à M. Dupin de chanter sa louange, il est assez juste de lui signaler, même dans cette période splendide de sa vie, quelques-unes de ces inconséquences dont nous parlions tout à l'heure. Elles ont malheureusement contribué à le faire descendre de son piédestal.

Aujourd'hui vous êtes connu, maître Dupin.

N'essayez pas de cacher vos ficelles,

nous les voyons : elles passent sous votre robe !

Si vous étiez avec les gens de lettres d'un désintéressement aussi remarquable, vous plaît-il que nous disions pourquoi?

Parce que tous les procès de presse ont en France un écho sonore ; parce que le journal que vous défendez , parce que l'auteur dont vous soutenez la cause, embouchent à votre profit le clairon de la réclame ; parce que tout ce bruit, tout cet éclat mènent la foule à votre cabinet de consultation ; parce qu'enfin vous eussiez payé, ne vous déplaise, et payé fort cher ces procès-là, pour peu qu'on eût fait mine d'en charger un autre que vous.

Est-ce vrai, maître Dupin?

Convenez au moins que la presse vous a rendu service pour service.

D'ailleurs, tout ce qui n'était pas journaliste doublait vos honoraires et le coffre-fort n'avait point à se plaindre.

Pourquoi nous forcer à tout dire?

Si les notes qu'on nous communique sont exactes, votre général Alix aurait crié comme un... client qu'on écorche.

Et M. de Pradt? Faut-il raconter l'anecdote qui a couru à son sujet?

Sauvé par son éloquent défenseur, il poussa l'avarice jusqu'à ne lui donner que mille écus. L'avocat remit sous enveloppe les *trois* billets de banque, et les renvoya sur l'heure à M. de Pradt, en lui faisant écrire qu'il en fallait *six*[1].

Mais, encore une fois, ceci n'est point un crime. Le talent n'obtient jamais une trop riche récompense

Nous regrettons d'apprendre à nos lecteurs que M. Dupin, après avoir défendu deux fois Béranger, lui refusa nettement une troisième fois l'appui de sa parole. Il invoqua pour motiver ce refus un prétexte de convenance politique dont personne ne fut dupe.

La cour, par une mesure exceptionnelle dans les procès de l'illustre chansonnier,

[1] Une chanson railleuse, dont voici le refrain, courût à cette époque au Palais de Justice :

Chez notre avocat éloquent,
Liberté, comme écus comptants,
Tout ça marche, tout ça marche,
Tout ça marche en même temps.

défendait à la presse de rendre compte des débats, et les plaidoiries de M. Dupin se trouvaient ainsi perdues pour le public.

On n'aime pas à tirer sa poudre aux moineaux.

D'inconséquences en inconséquences, notre avocat vit disparaître la popularité qu'il avait conquise.

Nous arrivons à cette désopilante histoire de saint Acheul[1], qui est sans conteste la meilleure bouffonnerie de l'époque, et qui souleva les éclats de rire de la France entière.

Mais expliquons, avant tout, l'origine de la querelle de M. Dupin avec l'ultramontanisme.

[1] Ancienne abbaye, située aux portes d'Amiens, et où les Pères de la Foi tenaient un collége sous la Restauration.

Elle commença le jour du fameux procès de tendance fait au *Constitutionnel* en 1825[1].

Accusé de menées anarchiques pour avoir signalé au pays les envahissements du parti prêtre, ce journal choisit M. Dupin pour le tirer d'affaire. Il pria notre héros de mettre en mouvement tous les ressorts de sa vieille éloquence.

Dieu sait comme l'orateur drapa ces pauvres jésuites !

Son plaidoyer ne fut qu'un buisson de pointes, un faisceau d'épigrammes. Il lança contre les bêtes noires du *Constitutionnel* toute l'armée des métaphores.

[1] Une loi, obtenue par le ministère Villèle, autorisait le gouvernement à poursuivre les journalistes sans avoir besoin d'incriminer spécialement tel ou tel de leurs articles.

« Eh! messieurs, criait-il, Protée n'est qu'une fable, mais le jésuitisme est une réalité! Faut-il, en deux mots, vous peindre l'institut de Loyola? C'est une épée dont la poignée est à Rome et dont la pointe est partout! »

Jamais gallican farouche ne traita ses adversaires avec plus de cruauté.

— Peste! vous jouez gros jeu, savez-vous? dit à M. Dupin, au sortir de l'audience, un avocat sournois. Les jésuites ne pardonnent jamais; leur influence est universelle, ils ont çà et là des milliers d'agents secrets. Qui vous assure que votre cuisinier ne soit pas un jésuite?

Le visage de M. Dupin se couvrit de pâleur.

-- Mon cuisinier... Diable! murmura-t-il, je vais lui donner son compte.

-- Bah! et votre valet de chambre, et vos autres domestiques? Renvoyez-les ce soir, ils seront remplacés demain par de nouvelles créatures des jésuites.

-- Croyez-vous?

-- Eh! parbleu, oui, je le crois! Je ne voudrais pas être dans votre peau.

M. Dupin rentra chez lui avec la fièvre. Il n'osa toucher, pendant quarante-huit heures, à aucun des mets de sa table. Le jour, il voyait un jésuite dans chaque personne qu'il rencontrait; la nuit tout le sombre bataillon de Loyola traversait ses rêves. Cédant enfin à son inquiétude, il prit le chemin de la Picardie, décidé à jouer un coup de maître.

Qui fut bien étonné? ce fut le supérieur de Saint-Acheul, en recevant la visite de M. Dupin.

Les autres jésuites du collége, avertis de l'arrivée du prince des orateurs, se hâtèrent d'accourir pour lui faire accueil.

— Vous voyez, mes révérends pères, dit M. Dupin, je ne suis pas aussi diable que vous êtes noirs! (Il leur adressait un sourire câlin pour faire passer le bon mot. Le bon mot passa.) Je suis venu moi-même vous assurer qu'on peut être ennemi des principes sans détester les hommes, et d'ailleurs les paroles d'un avocat... vous savez? autant en emporte le vent. J'espère que vous ne me gardez pas rancune?

On lui protesta que non.

Des poignées de main s'échangèrent.
M. Dupin faillit pleurer de joie.

Il était midi.

Notre homme déjeuna très-copieusement
au réfectoire; puis, enchanté de la réception
des bons pères, il assista dans la soirée à
une procession du saint sacrement et porta
l'un des cordons du dais avec une dévotion
tout à fait édifiante [1].

Jugez de l'effet de l'anecdote, quand
elle parut, le surlendemain, ornée de ses
détails, dans les feuilles religieuses!

Toute la presse n'eut qu'une voix pour
crier haro sur le jésuite.

En voulant se sauver d'un péril imagi-

[1] Après la cérémonie religieuse, il fit un discours où
il compara l'institution de Saint-Acheul « à une autre
Cornélie, à laquelle il suffit de montrer ses fils pour
exciter chez ses ennemis la crainte et chez ses amis
l'admiration. » — Textuel.

naire, M. Dupin venait de se précipiter, la tête basse, dans un péril sérieux.

Cette fois encore, il s'en tira par un bon mot.

« Si j'eusse vécu, écrivit-il, au temps où Énée descendait aux enfers, j'aurais voulu y descendre aussi et assister à une audience de Minos. »

Après avoir tourné cette jolie phrase, destinée, en compagnie de quelques autres, à former un opuscule justificatif, il se frotta les mains en disant :

—Bah ! les jésuites ne se fâcheront pas! Ils me connaissent. Si jamais ils se vengent de quelqu'un, ce ne sera pas de moi. Je leur ai prouvé que les avocats ont carte blanche.

Fort de cette belle argumentation, il reproduisit, un mois après, dans l'affaire

Montlosier, toutes les pointes et toutes les épigrammes employées à la défense du *Constitutionnel*.

La presse pardonna M. Dupin, et les jésuites ne le rendirent victime d'aucune tentative d'empoisonnement.

Nous avons l'air d'écrire une histoire grotesque; mais, en vérité, ce n'est pas notre faute. On remarque chez les hommes qui ont tenu le commencement de ce siècle des caprices si fantasques; ils se sont livrés à des sauts de carpe si plaisants, que personne aujourd'hui ne prend leur caractère au sérieux.

Il paraît que la Restauration a plus d'une fois cajolé le héros de la Nièvre pour l'attirer à sa cause [1].

[1] On lui avait offert une place de maître des requêtes,

Rien d'impossible à cela.

Notre personnage a des qualités réelles. On pouvait autrefois tirer parti de ces qualités, mais en le morigénant outre mesure, afin d'empêcher les défauts et les ridicules de prendre le dessus.

« Dans M. Dupin, dit Timon, il y a deux, trois, quatre hommes, une infinité d'hommes différents. Il y a l'homme du château et l'homme des boutiques, l'homme de saint Achenl et l'homme gallican, l'homme de courage et l'homme de peur, l'homme de prodigalité et l'homme d'économie, l'homme de l'exorde et l'homme de la péroraison, l'homme qui veut et l'homme qui ne veut pas, l'homme du passé et

avec quarante mille francs de traitement; mais il gagnait le double au barreau.

l'homme du présent, jamais l'homme de l'avenir[1]. »

Nous ajouterons après Cormenin que c'est l'homme de l'incertitude, l'esprit mal mûr, le génie qui tâtonne. L'orgueil bourgeois et la présomption du parvenu l'ont toujours entraîné hors de sa route.

Il n'a été beau, il n'a été grand que dans la magistrature. Seule elle a pu mettre en saillie le côté sérieux de son caractère.

Otez M. Dupin de ce théâtre solennel, vous ne trouverez plus en lui qu'un comique de troisième ordre.

« Mou, inconsistant et presque lâche dans les causes politiques, dit plus loin Cormenin, il se montre dans les causes

[1] *Livre des Orateurs*, p. 444.

civiles ferme, progressif, impartial et
digne [1]. »

C'est un malheur que nous soyons d'accord avec beaucoup d'esprits sensés dans le jugement rigoureux que nous portons.

Jamais, pour examiner un homme, nous n'empruntons une lunette étrangère; mais nous sommes flatté quand la nôtre est d'accord avec celle des biographes qui nous précèdent.

Une des raisons pour lesquelles M. Dupin n'accepta pas les avances de la branche aînée tient peut-être aux relations intimes qu'il entretenait avec le chef de la branche cadette. Le duc d'Orléans l'avait choisi, depuis 1824, pour le mettre à la tête de

[1] *Livre des Orateurs*, p 445.

son conseil privé, avec quinze mille francs
d'honoraires.

Il est probable que M. Dupin, tout en
administrant la fortune du prince, agitait
avec lui dans l'intimité quelques-unes de
ces questions de haut libéralisme, dont la
solution, quelques années plus tard, devait
être un changement de dynastie.

Déjà la liste civile de Louis-Philippe
montrait son museau de taupe.

Envoyé pour la seconde fois à la Chambre, en 1828, par un collége de la Sarthe,
M. Dupin alla s'asseoir au centre, afin de
n'exciter aucune inquiétude.

Il ne fallait pas laisser voir la ficelle orléaniste.

Comme tous les autres amis du Palais-
Royal, notre député faisait patte de velours,

et n'en donnait ensuite que de meilleurs
coups de griffe au pouvoir[1].

Le jour où parurent les ordonnances,
tous les membres militants de la presse
parisienne se rendirent chez le célèbre
avocat, pour s'appuyer de la sagesse de
ses conseils.

— Eh bien, lui dirent-ils, voilà du moins
une attaque franche contre la liberté. Dieu
merci, personne ne s'y trompe. Qu'allons-
nous faire ?

— Hum ! répondit M. Dupin en secouant
la tête ; c'est fort grave !

[1] Il démasqua toutes ses batteries contre le ministère
Polignac. Le 5 mai, M. de Peyronnet, ministre de la
justice, qui n'avait pas jugé convenable de nommer
M. Dupin procureur général, fut violemment attaqué
par lui au sujet de la fameuse *salle à manger* pour laquelle on demandait une allocation de cent soixante-
dix-neuf mille francs. L'adresse des *deux cent vingt et
un* compte M. Dupin parmi ses plus chauds défenseurs.

— Trouvez-vous les ordonnances illégales?

— Très-illégales.

— Devons-nous refuser de nous y soumettre?

— Parbleu! Le journal qui accepterait une pareille violation de nos droits ne mériterait pas de conserver un seul abonné.

—Bravo! c'est carrément répondre. Alors vous êtes des nôtres; vous allez nous aider à organiser la résistance.

—Ah! permettez!... entendons-nous... Diable!... Je suis pour le conseil, mais l'action vous regarde... Serviteur!

M. Dupin congédia nos journalistes désappointés. Il fut complétement perdu dans leur esprit.

En somme, ces messieurs avaient tort.

Un avocat peut distribuer des coups de langue; mais des coups de fusil..... peste! on y regarde à deux fois. Qu'une révolution s'entame, que l'émeute hurle, très-bien! Marchez, enfants de la patrie! C'est le cas ou jamais de mourir avec gloire.

Seulement, dans l'intérêt de la France, il ne faut pas que tout le monde meure.

Ce jour-là, M. Dupin dit aux combattants:

— Descendez dans la rue; moi, je descends... à ma cave!

Aussitôt fait que dit.

La chaleur était étouffante. Il ne pouvait pas trouver une plus belle occasion de prendre le frais.

Malheureusement quelques pavés étourdis tombèrent par l'ouverture du soupirail et faillirent écraser notre homme,

Il vit qu'il n'était même pas en sûreté dans les entrailles de la terre.

Son épouvante ne connut plus de bornes. Il remonta chez lui, pâle, éperdu, frissonnant. La fusillade éclatait ; il se bourra les oreilles de coton pour ne plus l'entendre, fit matelasser toutes ses fenêtres, et se plongea dans une baignoire.

Nombre d'historiens dignes de foi prétendent qu'il y resta trois jours.

Ce qu'il y a de positif et de parfaitement clair, c'est que le 29, après la victoire, il arriva dispos et rafraîchi.

À l'entendre, il avait à lui seul fait la révolution. Des amis complaisants, qui ne s'étaient pas montrés plus que lui, voulurent bien, à charge de revanche, lui signer un certificat de courage, affirmant l'avoir rencontré au plus fort de la bataille.

On se rend de ces petits services entre gens de cœur.

Un héroïsme couvre l'autre de son patronage, et, si les vrais combattants manifestent quelques doutes, on les dissipe avec la plus grande facilité.

— Ce brave M. Dupin, dit le peuple, je ne l'ai point aperçu, c'est vrai. Mais la mêlée était si chaude ! Impossible d'avoir l'œil partout.

Là-dessus, Bertrand tombe dans le panneau, et Raton avance la patte : les marrons sont cuits.

Néanmoins on ne put convaincre tout le monde du courage éclatant de M. Dupin. Ses collègues les députés restèrent incrédules et le surnommèrent par dérision le

Sauveur. On fit circuler des anecdotes qui arrivèrent aux oreilles de la *Némésis*. Elle prit, un matin, son fouet de couleuvres, et en cingla les flancs de Raton.

Le vertueux avocat, l'exilé Démosthènes,
Par le peuple maudit, fut le *Dupin* d'Athènes..
Ce sauveur de la Grèce, intrépide en discours,
Chaussa des brodequins pour fuir dans les trois jours,
Et grossit largement son mince patrimoine,
Grâce aux philippes d'or du roi de Macédoine.

Voyez-vous d'ici les lourds souliers jetés dans un coin, et l'énorme pied de notre héros dans le brodequin d'un sylphe?

M. Dupin reprit, le 30 juillet, sa chaussure ordinaire et se rendit à Neuilly, chez le duc d'Orléans, pour le prier de recevoir, en attendant mieux, le titre de lieutenant général[1]. Il arrangea tout, décida

---

[1] Quand plus tard il s'agit de la couronne, le prince

tout, aplanit à son client le chemin du trône, escamota la république avec une adresse merveilleuse, rebadigeonna la Charte de 1814 et fut nommé, le 23 août, procureur général à la cour de cassation.

Tel fut le résultat de sa politique prudente et sournoise.

En vérité, nous sommes en présence d'un homme singulier.

Le lecteur a lieu d'être surpris, lorsqu'il nous voit, d'un bout à l'autre de cette étude biographique, passer sans transition du blâme à l'éloge et de l'éloge au blâme.

Qu'y faire pourtant?

voulut prendre le nom de Philippe VII. M. Dupin l'en dissuada. « Ce nom, lui dit-il, vous rattacherait à un passé que la France répudie. Elle vous accepte pour roi *quoique* et non *parce que* Bourbon. Appelez-vous Louis-Philippe Ier. »

Si l'individu a deux faces, il faut bien les offrir à vos regards.

Tout à l'heure vous avez vu l'homme politique, regardez à présent le magistrat. C'est à confondre le plus habile des psychologues.

Sur son siége de procureur général M. Dupin est grave, solennel, intègre.

Jurisconsulte profond, légiste plein de savoir, il apporte une clarté parfaite dans les questions de droit les plus obscures. Pas une autorité judiciaire qu'il ne règle, pas un empiétement administratif qu'il ne réprime.

Il retrouve ici, par un phénomène bizarre et pourtant très-explicable, la dignité qui lui échappe ailleurs. On oublie le Dupin de la Chambre, et l'on s'incline avec respect devant le ferme et consciencieux organe du ministère public à la cour suprème[1].

L'Académie Française, ne considérant que le magistrat et l'écrivain, le reçut à cette époque parmi ses membres.

Une fois, une seule fois, on le vit apporter à la Chambre quelques-unes de ses qualités sérieuses; mais il sut très-mal choisir son heure.

C'était pendant la première session qui suivit les événements de 1830.

« Quand les associations politiques se multipliaient, dit M. de Loménie, quand

---

[1] Les réquisitoires de M. Dupin ont éclairé définitivement des matières d'une haute gravité : par exemple, la propriété littéraire (dépôt des exemplaires prescrit, — 1834); la responsabilité des médecins (affaire Thouret-Noroy); la question de pénalité contre l'incendiaire volontaire de sa propre maison, etc., etc. Ses œuvres oratoires se composent de plus de quatre mille plaidoyers civils ou criminels.

les clubs étaient non-seulement tolérés, mais encouragés par des fonctionnaires publics, et quand les têtes, même les plus gouvernementales, ne voyaient d'autre moyen d'arrêter leurs progrès qu'en réglant leur action, M. Dupin les combattait hautement, absolument, sans ambages, sans restrictions, les déclarait incompatibles avec l'ordre, et réclamait énergiquement leur complète abolition. Quand les ouvriers descendaient sur la place publique et demandaient à mettre la main au char de l'État, M. Dupin leur signifiait sans façon, sans périphrase, qu'ils n'y entendaient rien et les renvoyait dans leurs ateliers [1]. »

On doit en convenir, tout cela était juste, mais brutal.

[1] *Galerie des contemporains illustres,* par un homme de rien, t. I, p. 25.

Vous aviez salué jusqu'à terre les héros
de barricades, ils s'habituaient à vos ca-
joleries ; hier encore vous les englobiez sous
la dénomination pompeuse de *peuple sou-
verain*, et tout à coup, sans transition,
vous espériez leur faire digérer des vérités
aussi crues ! La prétention était absurde.
Ceux des législateurs qui recouraient aux
atermoiements se montraient plus sages.

Le peuple prit M. Dupin en grippe.

Après avoir, le 14 février, saccagé l'église
Saint-Germain-l'Auxerrois et démoli le palais de l'archevêque, il courut à l'hôtel du
procureur général en criant qu'il fallait le
pendre.

M. Dupin, surpris par cette attaque ino-
pinée, n'eut pas même le temps de descendre à la cave.

Sa maison fut envahie

Déjà des mains furieuses se portaient sur sa personne, quand heureusement la garde nationale intervint et chassa les émeutiers.

Plus il devenait impopulaire, plus son crédit augmentait au château.

C'était logique.

A cinq ou six reprises différentes, on lui offrit un portefeuille ; mais il se réservait pour la présidence de la Chambre[1]. Huit fois, sous le règne de Louis-Philippe, il y fut porté par un vote presque unanime.

C'est ici que notre homme est curieux à peindre.

Jamais paysan du Danube n'afficha des mœurs aussi rugueuses ; jamais hérisson

---

[1] Il disait qu'après le trône c'était la première place qu'un *homme de sens* pût ambitionner dans un État constitutionnel.

plus inabordable et plus entouré de pointes ne se roula sur le tapis parlementaire.

M. Dupin faisait peur à tout le monde.

Les ministres eux-mêmes, déchirés par ses piqûres, s'en retournaient, les doigts saignants, et le traitaient de porc-épic.

Plus heureux dans le choix des métaphores appliquées à son usage, M. Dupin disait aux représentants, lorsque ceux-ci l'exhortaient à avoir des formes moins grossières :

— Il n'y a pas de rose sans épines.

M. Dupin, une rose ! quelle ravissante allégorie !

Tant que la royauté de juillet ne fut pas bien assise, il donna des coups de boutoir à droite et à gauche à tous ceux qui se permettaient contre elle la moindre attaque; mais, quand il la vit s'étendre à son aise et se reposer mollement sur les pelóuses fleuries du budget, ce fut une autre histoire. M. Dupin se livra contre elle à mille petites taquineries assez déplaisantes. Il avait une verge tout exprès pour la fouetter, ⸺verge miséricordieuse et paternelle sans doute, mais qui ne laissait pas de cingler assez rude.

Il aimait à prendre le ministère en faute et jouait des tours pendables à ses anciens collègues du centre.

Un jour, pendant le procès d'avril, il invite à sa table quarante ou cinquante députés ministériels et ventrus.

Au dessert, entre deux flûtes de champagne, il les regarde d'un air narquois.

— En acceptant mon invitation, leur

dit-il, vous avez fait preuve de courage, et je vous en félicite. Les ministres seront furieux.

— Hein ?... Comment cela ?... Pourquoi ? s'écrièrent les ventrus, pâles de saisissement.

— Parce que nous protestons contre ce qui se passe à la Chambre des pairs. Mais d'où vient votre surprise ? Le cachet de ma lettre disait tout... Ah ! je conçois, vous n'y aurez pas fait attention !... Quelqu'un de vous a-t-il cette lettre en poche ?

Presque tous la trouvèrent sur eux.

Ils regardèrent et frémirent.

Au dos de l'invitation s'étalait triomphalement sur la cire d'Espagne cette fameuse devise : *Libre défense des accusés !* à laquelle effectivement les circonstances donnaient un à-propos fatal.

Les ventrus eurent la colique toute la nuit.

Beaucoup d'entre eux en furent pour une direction de poste, un chemin vicinal ou un bureau de timbre.

Ces jeux-là plaisaient fort à M. le président de la Chambre.

Amis ou ennemis, il narguait tout le monde. On l'exécrait cordialement ; mais on le nommait toujours, parce que personne n'avait jusque-là mieux appliqué la férule à cette troupe de collégiens indisciplinés que le palais Bourbon abritait dans son enceinte.

M. Dupin tranchait du pédagogue.

Sa grosse voix interloquait les plus audacieux ; on n'osait pas affronter ses boutades. A la moindre marque d'indiscipline, le martinet allait son train.

On parla d'envoyer dans une tribune tous les pions de collége, afin de les former à l'école d'un si grand maître.

Comme président, M. Dupin n'a jamais eu de tact; jamais il n'a paru se douter qu'il y eût des convenances. Il lançait le sarcasme au nez des gens, sans égard et sans mesure, avec la brutalité d'un portefaix qui administre un coup de poing.

Ses amis eux-mêmes l'ont jugé très-sévèrement à cet égard.

Écoutez plutôt :

« La Providence, qui a doué M. Dupin de tant d'excellentes qualités, lui a refusé la discrétion et la mesure. Il sera toujours incapable de maîtriser sa langue et de retenir une saillie, bonne ou mauvaise, quand elle lui vient. Non pas que M. Dupin ait le cœur méchant, au contraire; M. Dupin ne veut pas blesser, il ne veut que rire, et ce qui lui manque, c'est une certaine délicatesse de l'esprit qui sait choisir les occasions et sentir les convenances.

« En fait d'épigrammes, M. Dupin est un enfant. Plutôt que de n'en pas faire, il en ferait contre ses meilleurs amis, contre lui-même, et, quand il a lancé un trait malin, il s'inquiète peu de savoir où il tombe.

« La vanité de M. Dupin (M. Dupin a sa vanité comme tout le monde) est, d'ailleurs, flattée du bruit que font ses bons mots et des grands commentaires qui viennent à la suite de ses boutades satiriques. Qui sait? les illusions de l'amour propre sont telles qu'il ne serait pas impossible que M. Dupin se crût dangereux et qu'il se laissât doucement aller à l'idée que ses petites pointes le mettront dans l'histoire au même rang qu'un Matthieu Molé, ou qu'un président La Vacquerie [1]. »

On vint demander un jour à notre homme une épitaphe pour la tombe de sa mère.

Il répondit :

— Faites graver sur le marbre ces simples mots :

« Ci gît la mère des trois Dupins. »

Cornélie et les Gracques se trouvaient

---

[1] *Journal des Débats*, janvier 1837. — Cette feuille a toujours été fort dévouée à M. Dupin, ce qui donne une grande force à sa critique. Au mois de décembre 1829, M. Dupin a défendu les *Débats*, cités devant les tribunaux pour le fameux article débutant par ces mots : « Malheureux roi ! malheureuse France ! »

dépassés. Brid'oison se dit quelquefois à lui-même de ces choses-là.

Quant à la méchanceté de M. Dupin, si le journal que nous citions tout à l'heure ne veut pas y croire, il a tort.

Nous aiguisons parfaitement nos flèches, nous savons quelle blessure elles doivent faire.

Prenons au hasard quelques exemples.

En 1828, M. Dupin s'écriait :

« Ne vous y trompez pas, je parle de ce grand citoyen que nous appelons Portalis *père*, comme les Romains disaient Caton l'ancien ! »

M. Portalis fils, alors garde des sceaux, resta cloué sur son banc par cette phrase insolente. Il ne pouvait répondre sans afficher un maladroit orgueil ou sans outrager la mémoire paternelle.

Autre exemple :

On faisait courir des bruits calomnieux sur la gestion du maréchal Clausel en Afrique. Au jour de l'an, chez le roi, dans un discours prononcé au nom de l'Académie, ce qui rendait le passage que nous allons citer beaucoup plus ridicule encore, M. Dupin parla du désastre de Constantine et de *cette contrée où Rome, devenue déjà vénale, eut le malheur d'envoyer Calpurnius et de rencontrer Jugurtha.*

L'allusion était aussi perfide que sanglante.

Rappelé d'Afrique, le maréchal Clausel demanda des explications à M. Dupin, qui publia sa lettre dans tous les journaux.

Le soldat indigné lui envoya un cartel.

—Vous.verrez que Dupin se battra! disaient les uns; vous verrez qu'il ne se battra pas! répondaient les autres.

Ces derniers eurent raison.

M. Dupin ne se bat qu'à coups de langue.

Il chargea le petit Thiers, Odilon Barrot, Mauguin et Ganneron de lui tirer cette épine du pied. On déclara que les réminiscences historiques de l'orateur n'attaquaient en aucune sorte la probité du maréchal.

L'épée de celui-ci, vierge du sang de M. Dupin, rentra au fourreau.

Sans appuyer sur le détail des luttes législatives, sans faire ressortir les contradictions scandaleuses de l'ex-défenseur de la presse avec ses premières doctrines, sans parler de ses inimitiés sourdes contre

M. Audry de Puyravau, qui avait osé rire
de ses fanfaronnades en 1830 [1], sans éveil-
ler en un mot tous les vieux souvenirs qui
dorment dans le *Moniteur*, nous tourne-
rons une page, sinon plus honorable, du
moins plus rapprochée de nous, celle de la
Révolution de 1848.

Inclinez-vous et saluez Dupin-Brutus!

Le 24 février, il prouve clairement à la
Chambre qu'elle va manquer à tous ses
devoirs, si elle ne proclame, sous le feu
de l'émeute, la régence de la duchesse
d'Orléans, et, le 25, il fait décider par la
cour de Cassation que la justice sera rendue
à l'avenir au nom du peuple français.

Saluez toujours!

[1] M. Dupin essaya de décider la Chambre à livrer ce
député à ses créanciers, qui demandaient contre lui la
contrainte par corps.

Voilà M. Dupin qui mène ses collègues en grande pompe au gouvernement provisoire.

Il prononce devant MM. Marrast, Lamartine, Ledru-Rollin, Crémieux et consorts, une magnifique harangue très-foncée en couleur républicaine.

Pendant que d'autres pérorent à leur tour, il s'approche du sténographe, occupé dans un coin de la salle à reproduire les phrases officielles, et lui frappe sur l'épaule en disant :

« N'oubliez pas de consigner, mon cher, que j'ai crié le premier : Vive la république [1] ! »

[1] Nous tenons ce fait d'une personne présente à l'Hôtel de Ville et entièrement digne de foi.

Un autre témoin oculaire nous a raconté l'anecdote suivante :

En janvier 1851, une association d'artistes se forma

M. Dupin conserva sa place de procureur général à la cour de Cassation.

M. Dupin fut envoyé pour la dixième fois à la Chambre par les députés de la Nièvre.

M. Dupin fut élu président de l'Assemblée législative, par 336 voix sur 609 votants.

Eh! vont nous dire les habiles, ne voyez-vous pas que le loup orléaniste pre-

pour dessiner et lithographier les portraits des représentants. On allait, chapeau bas, demander à ces messieurs de vouloir bien poser une demi-heure afin d'obtenir leur ressemblance exacte. « — Bon, très-volontiers, répondit M. Dupin; mais je désire que vous me preniez sur mon fauteuil de président. Revenez après la séance.» L'artiste objecta que les travaux de la Chambre ne finissaient jamais avant la nuit, et qu'il lui serait impossible de saisir son sujet à la lumière. «— C'est très-juste, dit M. Dupin. Restez; je vais arranger la chose. » Il ouvrit la séance et la ferma deux heures plus tôt que de coutume, afin de poser au grand jour. Les affaires en souffrirent, mais il eut son portrait et le portrait de son fauteuil.

nait la défroque du berger républicain pour conduire les moutons à sa guise?

C'est moi qui suis Guillot, berger de ce troupeau.

Parbleu, nous le voyons de reste !

Mais le rôle en est-il plus noble? Mais la conduite en est-elle plus franche? Mais le coup de massue appliqué sur la tête de Guillot en est il moins mérité ?

Il jeta sa défroque d'emprunt, et le loup montra l'oreille.

M. Dupin, après le décret que vous savez, donna sa démission de procureur général à la cour de Cassation.

Depuis, il en a eu le plus vif repentir. Il se frappa la poitrine assez fort pour que M. de Montalembert l'entendît et crût devoir se permettre, à propos de ce curieux pénitent, des réflexions qui lui sont personnelles, et que sa lettre, devenue publique, nous dispense de reproduire.

Reste à examiner l'esprit de M. Dupin.

D'abord, a-t-il de l'esprit ?

On peut le mettre en doute. Ses bons mots ont un cachet de vulgarité presque repoussant. Leur succès tient à la façon dont il les débite, au choix du moment, au jeu des muscles du faciès, au calme burlesque qui les accompagne.

Il y a dans M. Dupin un mélange de commis-voyageur, de titi et de queue-rouge.

Son plus joli mot est celui des *loups cerviers*. Il est devenu proverbial. Ces messieurs de la banque l'ont toujours sur le cœur.

Un autre assez passable encore est celui

adressé au pasteur Coquerel, qui cherchait à donner l'Évangile pour base au système républicain.

« Allons donc ! fit le président. Jésus-Christ n'a jamais dit, que je sache : Ma république n'est pas de ce monde. »

Voilà sans contredit les deux traits les plus spirituels de M. Dupin. Quant au reste de son répertoire, il est commun, trivial, et ne vaut pas la peine d'être cité.

Grassot est plus fort que lui.

Un jour, le commissaire de police Yon arrive tout essoufflé à la Chambre. Il a découvert un complot effrayant. Vingt-six bandits de la société du *Dix Décembre* ont tiré au sort pour savoir à qui assassinerait le président de l'Assemblée nationale et le général Changarnier.

« — Ne vous inquiétez pas, fit M. Dupin, je soupçonne un individu qui veut du bien à ma blanchisseuse. »

Et les auditeurs d'applaudir.

Ils cherchèrent après coup le sel de la plaisanterie et ne le trouvèrent pas.

C'est presque toujours ce qui arrive quand on creuse les bons mots de M. Dupin.

« Lors du 2 décembre, dit M. Granier de Cassagnac, une consigne mal donnée ou mal comprise permit à environ une soixantaine de représentants de pénétrer individuellement dans le palais de l'Assemblée par une petite porte située dans la rue de Bourgogne, en face de la rue de Lille.

« Ces députés se réunirent dans la salle des conférences et y devinrent un peu bruyants.

« Sur l'avis de leur présence, parvenu au ministère de l'intérieur, ordre fut donné de les expulser immédiatement. Le commandant Saucerotte, de la garde municipale, chargé de l'exécution de cet ordre, la fit précéder d'un petit discours plein d'esprit. M. le président Dupin, appelé par ses collègues, leur fit aussi son discours en ces termes :

« — Messieurs, nous avons pour nous le droit, mais nous ne sommes pas les plus forts. Je vous engage à sortir d'ici. J'ai bien l'honneur de vous saluer ! [1] »

[1] Dans les derniers jours de la monarchie de Juillet, la Chambre, fatiguée de M. Dupin, l'avait renvoyé du fauteuil pour y installer M. Sauzet. Aussi l'ex-président disait-il en Février : « Sauzet a perdu Louis-Philippe et sa dynastie. » On peut, d'après ce qui s'est passé au 2 décembre, juger de ce que M. Dupin eût fait, en 1848, à la place de M. Sauzet.

Voilà comment notre héros dénoua sa longue comédie parlementaire.

Ce Boissy d'Anglas d'un nouveau genre ira peut-être à la postérité ; mais ce sera, nous en avons peur, avec une marotte en main et sur le dos de la Folie

Il n'a jamais rien pris au sérieux, ni en politique, ni en littérature, ni en affaires.

Pourquoi, dans son édition de l'*Hôpital*, n'a-t-il pas honnêtement déclaré, par une préface, que son travail était calqué sur celui d'un avocat de l'Yonne?

Et cette histoire ténébreuse du monument de l'abbé de l'Épée, pour lequel ont été recueillies, en 1842, des offrandes publiques, à l'époque où l'on venait de découvrir dans une chapelle souterraine de Saint-Roch les cendres de l'illustre fon-

dateur des Sourds et Muets, qui l'éclair-
cira ?

Devrons-nous attendre que l'abbé Oli-
vier [1], aujourd'hui évêque d'Évreux, écrive
ses Mémoires, ou que le sculpteur Préault
fasse des révélations ?

Il ne suffit pas à la gloire de M. Dupin
d'avoir élevé une statue à Jean Rou-
vet, l'inventeur du flottage à bûches perdues ; il faut que les fonds du monument
de l'abbé de l'Épée trouvent leur emploi,
puisque sans doute ils sont encore chez les
notaires qui jadis les ont reçus en dépôt[2].

Ah ! maître Dupin, quelle négligence !

N'oubliez pas de réclamer les intérêts :
le monument y gagnera.

[1] Ancien curé de la paroisse Saint-Roch.
[2] MM. Roquebert, Aumont-Thiéville et deux ou trois
autres de leurs confrères.

A l'heure où nous écrivons, M. Dupin habite sa terre de Raffigny. Il a soixante et onze ans révolus, mais il est magnifique de santé, de force et de verdeur. On voit que sa conscience ne lui adresse aucun reproche. La vertu seule a ce teint rouge et cette trogne florissante.

Pour visiter ses fermes et pour arpenter son domaine, il porte des souliers à triple rang de clous.

Ceux que vous avez connus sont de véritables escarpins de bal.

Notre héros s'occupe de labour et de prairies artificielles. Il fume ses champs, coupe ses blés et engraisse du bétail. Nous lui devrons à coup sûr le retour des mœurs antiques.

Mais, si Rome a besoin de Cincinnatus, il faudra qu'elle aille le trouver à sa charrue!...

Et maintenant, lecteurs, que nous avons terminé ce quinzième petit livre, permettez-nous de vous donner quelques explications sur notre caractère et de vous mettre, pour ainsi dire, en main la clef de notre conscience.

On dit, et l'on répète chaque jour autour de nous, que l'histoire contemporaine est impossible à écrire. On nous accuse de spéculer sur la curiosité publique. On prétend que nous cherchons la célébrité la plus méprisable de toutes, celle du pamphlet.

Ce sont nos ennemis qui parlent, c'est à nos ennemis que nous allons répondre

L'histoire contemporaine n'est pas impossible à écrire. C'est au contraire la seule qui ait quelque chance d'être véritable, si l'historien est honnête et s'il ne regarde pas son personnage au travers de la loupe menteuse des partis. Or, nous défions qui que ce soit de mettre en doute la sincérité, la loyauté de notre plume, et, d'autre part, il suffit de nous lire pour reconnaître que nous ne levons aucun drapeau.

Donc, nous sommes dans les conditions voulues.

Donc, nous avons le droit d'étudier les illustrations vivantes et de raconter leurs faits et gestes à ceux qui les ignorent.

Pour ce qui est de spéculer sur la curiosité publique, nous avouons en toute franchise que, depuis le jour où nous avons eu le malheur de devenir homme de lettres, nous n'avons pas écrit une ligne, imprimé une page, publié un volume, sans nous demander si la ligne, la page ou le volume pourraient plaire au lecteur.

Nous serions au désespoir qu'on n'achetât point nos œuvres.

Tous les écrivains pensent un peu comme nous à cet égard. Ils s'efforcent d'être lus, beaucoup lus, et spéculent en conséquence sur l'intérêt plus ou moins piquant de leurs livres.

Comme ils resteront fidèles à ce système, nous suivrons leur exemple sans remords jusqu'au jour où nous cesserons d'écrire.

Arrivons au chef d'accusation le plus grave.

Nous faisons du pamphlet, dites-vous.

Qu'est-ce que le pamphlet?

Si vous appelez de la sorte un écrit violent, rempli de fiel et de bave, quelque chose d'impur où le style se gonfle et crève en injures, où la phrase impudente et nue se prostitue au mensonge, nous ne sommes pas un pamphlétaire.

Appliquez à d'autres que nous cette qualification honteuse.

Ou plutôt gardez-la pour vous-mêmes, car vous nous attaquez sans avoir lu nos biographies. Vous mentez à votre conscience, vous mentez à Dieu!

Constamment et toujours la vérité

marche près de nous. Elle est notre fidèle
et sainte compagne.

Trouvez à nos allures un mobile quel-
conque d'ambition ou de haine. Regardez
au fond de notre critique et cherchez l'envie; certes, vous ne l'apercevrez pas.
Jamais nous n'avons été jaloux d'un succès,
jamais un ami ne nous a reproché un ser-
rement de main déloyal. Chez nous le
sentiment du juste domine tout.

« Guerre à l'immoralité vivante! » voilà
notre devise. Les apôtres du vice ne sont
plus dangereux sous la tombe :

« Morte la bête, mort le venin. »

Or, le vice n'aime pas qu'on le dé-
voile, et là seulement il faut chercher la
cause des inimitiés qui nous poursui-

vent. Tous les hommes pervers comprennent qu'ils ont besoin de se draper dans le manteau de l'estime publique, et quand on le leur enlève, ils poussent des cris de rage.

Criez! peu nous importe.

Nous avons pour nous le calme de l'honnèteté, la force de la conscience.

Juvénal n'était pas un pamphlétaire, c'était un vengeur.

FIN.

7 9bre 1837.

J'ai l'honneur de présenter mes
compliments attristés à M. Sauvo,
et je le prie de faire insérer dans le
moniteur de demain, s'il se peut,
le Discours de rentrée que je lui envoie
et que j'ai prononcé aujourd'hui
devant la cour de cassation.

Dupin aîné

Imp. Lith. V. Janson, r. Dauphine, 18.

www.ingramcontent.com/pod-product-compliance
Lightning Source LLC
Chambersburg PA
CBHW070857280326
41934CB00008B/1480